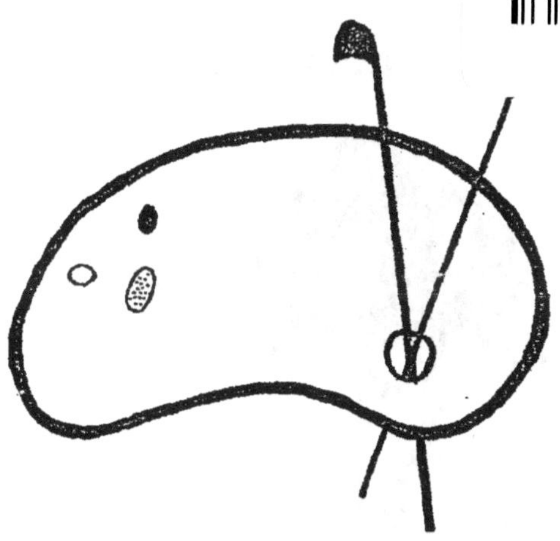

DEBUT D'UNE SERIE DE DOCUMENTS
EN COULEUR

LE
SOUDAN FRANÇAIS

PÉNÉTRATION AU NIGER

Cinquième Partie.

LILLE

IMPRIMERIE L. DANEL.

1887.

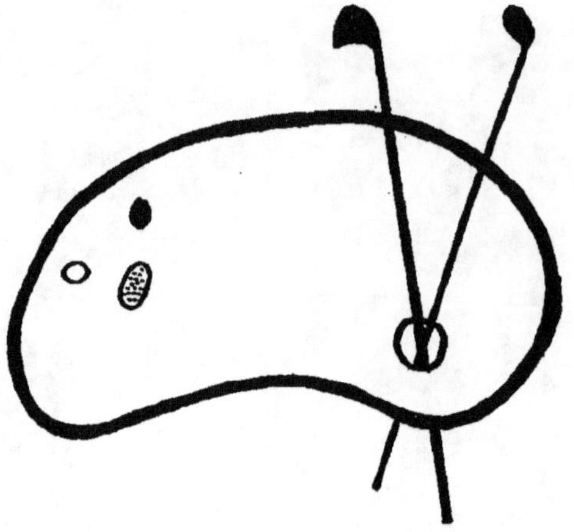

FIN D'UNE SERIE DE DOCUMENTS
EN COULEUR

LE SOUDAN FRANÇAIS

PÉNÉTRATION AU NIGER

LE
SOUDAN FRANÇAIS

PÉNÉTRATION AU NIGER

Cinquième Partie.

LILLE

IMPRIMERIE L. DANEL.

1887.

SOMMAIRES.

LE SOUDAN FRANÇAIS

PÉNÉTRATION AU NIGER

A Monsieur PAUL CREPY, *Président de la Société de Géographie de Lille.*

Paris, 13 avril 1887.

MON CHER PRÉSIDENT,

Puisque les lecteurs du Bulletin de la Société de Géographie de Lille veulent bien s'intéresser aux affaires du Sénégal, je désire les tenir, cette année, comme les années précédentes, au courant des évènements qui se passent dans ce pays. Mais, le temps me manquant pour faire la chose moi-même, je laisse ce soin à mon gendre, M. le Capitaine BROSSELARD, qui, comme vous le savez, est parfaitement compétent en tout ce qui concerne l'Afrique, où il a pénétré déjà par plusieurs côtés, et sur laquelle il a fait paraître des travaux considérables.

L. FAIDHERBE.

CINQUIÈME PARTIE.

Par M. BROSSELARD-FAIDHERBE, Capitaine d'infanterie,
attaché à l'état-major général du Ministère de la Marine et des Colonies,
Membre correspondant de la Société de Géographie de Lille.

SOMMAIRE : Samory. — Mission du capitaine Tournier. — Insurrection de Mahmadou-Lamine. — Mort de Boubakar Saada. — Mahmadou-Lamine, son passé, ses premiers actes d'hostilité. — Invasion du Bondou. — Combat de Kounguel. — Attaque de Bakel. — Opérations du lieutenant-colonel Frey contre le Marabout. — La situation dans le Fouta. — Retour offensif de Mahmadou-Lamine. — Campagne 1886-1887, le lieutenant-colonel Galliéni, commandant supérieur du Soudan Français. — Évènements dans le Cayor, mort de Samba Laobé, mort de Lat Dior. — Assassinat du roi des Trarzas, Ely, Amar Saloum lui succède.

Deux évènements d'une grande importance, le traité de paix conclu avec Samory, et l'insurrection de Mahmadou-Lamine, rendent l'histoire du Haut-Fleuve particulièrement intéressante pendant l'année 1886.

Vers la fin de décembre 1885, le lieutenant-colonel Frey était à Khayes, et son attention était attirée par les agissements du Marabout Mahmadou Lamine qui avait établi sa résidence à Goundiourou. Malgré toutes ses protestations d'amitié à notre égard, ce personnage s'employait activement à se faire reconnaître comme le chef des populations Sarakholé de cette région, et à fomenter quelque soulèvement, dont il pût prendre la direction pour asseoir définitivement son autorité.

Le colonel qui le surveillait, se disposait à faire cesser cette situation, et achevait d'organiser la colonne de ravitaillement des postes de l'intérieur. Lorsqu'il apprit que Niagossola était étroitement bloqué par Malinkamory, lieutenant de Samory, et que Samory avait passé de sa personne sur la rive gauche du Niger avec des forces considérables pour s'opposer au ravitaillement de ce poste, il dût songer au plus urgent et marcher sans retard contre ce dernier.

On se rappelle que pendant la ampagne 1884-1885, une petite colonne surprise et assiégée pendant huit jours à Nafadié, fut dégagée à grand' peine par le commandant Combes qui dut livrer ensuite, pour rallier le fort de Niagassola, un combat meurtrier à Kokoro. L'armée noire, commandée par Malinkamory, brûla le village de Niagassola, sous le canon même de ce fort, et en présence de la colonne. Puis elle s'avança jusque dans le Gangaran, et hiverna à Galé en face de notre fort de Kita. Notre ligne de postes se trouva ainsi menacée sur une longueur de près de 300 kil. et la situation sembla très mauvaise à la fin de l'année 1885.

Partie le 20 décembre 1885 de Khayes, la colonne, dirigée par le colonel Frey arriva à Kita dans la première quinzaine de janvier 1886. Elle dût aussitôt attaquer Galé, où Malinkamory était retranché.

Nous ne reviendrons pas sur les opérations du colonel Frey contre Malinkamory : rappelons seulement qu'après la destruction de son armée au Marigot de Farako Djingo, la panique gagna Samory dans Sanankoro, sa capitale, où il crut que nous allions venir l'attaquer. Ce chef noir dépêcha donc un de ses conseillers Oumar Diali, pour obtenir la paix à tout prix. Nous lui imposâmes pour condition qu'il se contenterait de la rive droite du Niger, et nous laisserait possesseurs de la rive gauche.

Samory demanda comme une faveur qu'un de nos officiers vint signer le traité sur son territoire.

Le capitaine Tournier, accompagné du capitaine Mahmadou-Racine, des lieutenants Péroz et Durand, de l'interprète Alassane, fut chargé de cette mission. Il était suivi d'une escorte de spahis et de tirailleurs sénégalais.

Ces officiers arrivèrent le 20 mars à Mansalah. En cet endroit la mission trouva Mody-Fodé, gendre de Samory, envoyé par l'Almamy. avec 20 cavaliers et 200 fantassins pour la conduire à Kéniéba-Koura, sa résidence. Le 21, on se mit en route ; le même soir la mission couchait à Bouroubougoula ; le lendemain à la rivière Koba ; et le surlendemain, à Domka.

Dans ce dernier village, eut lieu le partage du bœuf traditionnel, cérémonie qui enchaîne par les liens de l'hospitalité ceux qui y prennent part. Selon la coutume du pays, l'arrivée d'hôtes de marque doit être saluée par l'envoi d'un bœuf, lequel est tué sur l'heure, rôti par quartiers et mangé séance tenante. Dans les circonstances où l'on était, ce repas en commun devenait pour les indigènes un grand évènement. Aussi dès que les membres de la mission se furent conformés à cet usage, le camp retentit des cris d'allégresse des malinké ; le tam-tam ne cessa de résonner ; et dès ce moment des courriers partirent d'heure en heure pour Kéniéba, afin de renseigner l'Almamy sur les faits et gestes, même les plus insignifiants, de l'ambassade que la France lui envoyait.

Le lendemain à huit heures, on lève le camp, et après avoir traversé deux grands villages, Siguirri et Tiguibirri, abandonnés depuis la guerre, on passe le Bafing, que nous appelons Tankisso, à 500 mètres de son confluent avec le Niger. En ce point, le Bafing de Tiguibirri est un splendide cours d'eau de quelques centaines de mètres de large, avec des fonds de 2 m. 50 à 3 m. (en cette saison) et dont les rives sont couvertes de hautes futaies, de figuiers et de caïlcédrats. Le passage se fait en moins d'une demi-heure, grâce aux nombreuses pirogues que Samory y a envoyées ; et on va s'établir à un village de marabouts, Togué, où des logements ont été préparés pour la mission. Pendant que le capitaine Tournier s'occupe de l'installation, le lieutenant Péroz, escorté par les spahis, part pour Kénieba-Koura, afin de saluer l'Almamy au nom du colonel Frey et du capitaine Tournier. A mi-chemin Malinkamory, à la tête d'une centaine de cavaliers et de deux cents fantassins, arrive à sa rencontre au milieu d'un tourbillon de poussière ; et, après les salutations d'usage, il le conduit auprès de son frère.

Samory attendait l'envoyé Français sur une sorte de divan élevé, couvert de tapis multicolores. Fort simplement vêtu de vêtements noirs et blancs, le visage encadré par un turban dont les extrémités se rejoignent sous le menton, les traits fort réguliers, l'Almamy paraît avoir une quarantaine d'années. Sa physionomie est agréable, tout en lui dénote une grande intelligence.

A ses côtés, deux hommes coiffés de hautes mitres de peau de panthère portent la hache et la masse d'armes d'argent ciselé, qui sont les insignes de la royauté. Ses intimes et ses conseillers ont pris rang autour de lui, couverts de vêtements aux couleurs chatoyantes, et derrière le divan, se tiennent ses neuf femmes préférées, nonchalamment étendues et comme affaissées sous le poids de leurs ornements en or massif.

En arrière, sous l'immense gourbi construit pour la réception, s'étagent en demi-cercle, par rang de taille et assis à la turque, le fusil haut, 500 jeunes gens, sortes de gardes ou de pages qui ne quittent jamais le Sultan.

Des deux côtés du gourbi, sont rangées en cercle des masses profondes de guerriers immobiles et le fusil haut. Malinkamory à cheval, le bâton de commandement au poing, sur la tête un casque lamé d'argent, la hache de même métal à l'arçon de sa selle, a pris place sur l'un des flancs du gourbi. Il a derrière lui un escadron de deux cents cavaliers aux uniformes éclatants ; et plus loin en arrière sont massées cinq compagnies de deux cents hommes.

Sur l'autre flanc, un peu pêle-mêle, mais en groupes distincts, sont rangés les guerriers appelés des régions voisines pour assister à cette imposante cérémonie. Les chefs de l'armée de Samory sont à cheval, ceux des alliés sont à pied, devant leurs troupes leurs chevaux tenus en main en arrière des guerriers.

Sur la quatrième face, une ligne épaisse de spectateurs, au milieu desquels on voit un groupe nombreux de griots musiciens, aux instruments les plus variés et les plus bizarres, dont ils tirent avec un grand ensemble, des sons suffisamment rythmés

L'aire gigantesque que limite cette multitude est sablée d'un fin cailloutis apporté du Niger et soigneusement nivelé.

Évidemment Samory a voulu étonner les blancs par le spectacle grandiose qui les attendait. L'entrevue est très cordiale ; après un échange réciproque de paroles obligeantes, le Sultan fixe au lendemain à la même heure, la réception de la mission. A cet effet, il fait préparer un campement à cinq cents mètres du sien.

Le lendemain 25 mars, la mission quittait Togué pour se rendre à Kéniéba-Koura. Comme la veille, Malinkamory vient à mi-chemin pour l'escorter auprès de l'Almamy ; celui-ci la reçoit avec le même apparat qu'il avait déployé pour recevoir le lieutenant Péroz.

Pour faire honneur à ses hôtes, l'Almamy monte à cheval et passe la revue de ses troupes, puis Malinkamory fait manœuvrer cavaliers et fantassins.

Enfin, pendant le mois qu'ils séjournèrent à Kéniéba-Koura, les membres de la mission furent entourés des plus grands égards et des plus grands honneurs. Ce n'était pas sans raison que Samory agissait ainsi : par la présence prolongée des officiers français sur son territoire, et par ces négociations auxquelles il donnait tant d'apparat, il voulait prouver à ses populations que les blancs le reconnaissaient, lui nouveau venu, comme l'Almamy des pays de la rive droite du Niger. C'était la consécration de l'empire nouveau qu'il venait de fonder.

Et en effet, jusqu'en 1881, nous ne connaissions dans le Soudan qu'un chef dont la puissance fût inquiétante pour nous; c'était Ahmadou, le sultan de Ségou, successeur bien diminué du reste, du grand conquérant El-Hadj-Omar. Quand MM. Zweifel et Moustiers allèrent aux sources du Niger en 1879, ils entendirent parler d'une grande armée composée de trente mille fantassins et de cinq mille cavaliers qui opérait dans le bassin supérieur du fleuve. Mais ils ne surent point le nom du chef qui la commandait. A la fin de 1881 des indigènes qui vinrent demander secours au colonel Borgnis-Desbordes le lui apprirent : Cette grande armée était celle de Samory.

Le Soudan occidental est dans une période de développement historique ; un homme plus entreprenant que les autres, réunit une bande et se met en campagne : s'il est heureux, sa troupe grossit ; s'il a soin de se faire musulman il a immédiatement l'appui des noirs convertis à l'islamisme ; les jeunes gens qui préfèrent la vie guerrière à la vie agricole ou pastorale s'enrôlent en foule sous son commandement (1) : avec les années, il peut arriver comme El-Hadj-Omar et comme Samory, à fonder un grand empire. Mais ces empires ne survivent point à leur fondateur, parce que ceux-ci ne savent leur donner aucune organisation. Ils ne connaissent pas d'autre moyen de gouvernement que la terreur : la guerre et le pillage sont de première nécessité pour

---

(1) Les jeunes gens de 20 à 25 ans n'ont pour tout bien que leur fusil ; quand ils reviennent d'une expédition heureuse, ils possèdent une demi-douzaine d'esclaves des deux sexes, quelques bœufs, un cheval, c'est-à-dire tous les biens qui constituent la richesse pour un noir.

eux. Toute leur force résidant dans leur armée ils lui sacrifient tout.

Quand cette armée a épuisé le pays dans lequel elle s'est établie, il faut lui en livrer un autre. On va un peu plus loin attaquer une région voisine ; on massacre tous les hommes en état de porter les armes ; on réduit les femmes à l'esclavage ; et on enlève les petits garçons pour en faire des soldats qui grossiront les rangs. Les ressources de cette nouvelle région épuisées à leur tour, on pousse plus loin encore. Quand le conquérant meurt, ses lieutenants essayent de se rendre indépendants. Les populations si horriblement traitées profitent de ces dissensions pour se soulever ; et l'empire éphémère disparaît, laissant les régions sur lesquelles il a pesé, ruinées et dépeuplées.

Pour le moment Samory est en pleine grandeur.

Il est métis de Poul et de Sarakholé (1) et a commencé par être simple caravanier. On suppose que les Sarakholé sont les plus anciens dominateurs du Soudan occidental ; ils ont été dépossédés par des invasions successives, mais ils sont restés groupés par îlots dans tout le Soudan. Ils sont comme nous l'avons déjà dit plus haut très intelligents et très vaniteux : ils conservent soigneusement leurs mœurs, et ne se mêlent généralement point aux autres noirs. Ils aiment beaucoup les voyages, et presque toutes les caravanes qui conduisent les esclaves et les marchandises sur les sentiers de cette partie de l'Afrique, sont formées par eux. Leur éparpillement même, leur facilite cette profession, car en quelque endroit qu'ils aillent, ils sont presque assurés de trouver des gens de leur race qui les logent et les renseignent.

Samory est né à Bissau-Douyou (2) dans la province de Konia, rive droite du Niger, du nommé Lakaufia et de Sokouna-Kamara. Son père qui vit encore et réside auprès de son fils, était un Dioula, c'est-à-dire un caravanier. Il subvenait à grand'peine aux besoins de sa famille en colportant des étoffes et en faisant le commerce de captifs sur les divers marchés du Ouassoulou. Samory embrassa l'état de son père, et, à l'âge de seize ans, commença à voyager.

Un jour qu'il revenait de l'une de ses tournées et rentrait dans son pays natal, Samory trouva son village dévasté par le roi Sory-Ibrahima qui avait emmené sa mère en captivité. Ces évènements datent d'une

---

(1 et 2) Ces renseignements sont différents de ceux qui ont déjà été donnés, mais plusieurs versions ayant cours, je crois devoir citer celle-ci qui est une des plus récentes.

vingtaine d'années. Il se rendit auprès de Sory et s'offrit à le servir comme soldat s'il voulait rendre la liberté à sa mère. Sory les garda tous deux et les traita bien. Samory s'acquit une telle réputation de bravoure que lorsqu'il revint dans son pays, les jeunes gens lui offrirent de le mettre à leur tête. C'est ainsi qu'il commença à faire des conquêtes pour son propre compte. En peu d'années il s'empara de tous les états du haut Niger et d'une partie du Ouassoulou. Au moment du voyage de MM. Zweifel et Moustier, il était occupé à détrôner Sory, son ancien maître. Celui-ci, un aventurier comme lui, qui avait comme lui commencé par être marchand, l'avait appelé à son aide pour attaquer le Sangara. Le Sangara pris, Samory s'y trouva bien, car par ce pays, plus voisin de la côte que tous ceux qu'il avait conquis jusque là, il pouvait se procurer aisément des fusils, de la poudre et du sel. Au lieu de retirer ses troupes, il attaqua Sory, le battit et le jeta en prison, en lui donnant pour occupation de prier Dieu et son prophète pour le succès des armes de son geôlier.

Aujourd'hui on évalue à cent cinquante-sept, les petits états dont Samory s'est successivement emparé. On dit que son empire s'étend sur l'espace compris entre Sierra-Leone et Ségou ainsi que sur le cours du haut Niger et de ses affluents (1).

Le commandant de notre poste de Benty sur la Mellacorée, est en communication avec un de ses lieutenants. Le nombre de ses soldats armés de fusils serait de soixante mille ; et il aurait en outre cinq mille cavaliers qu'il monte à grands frais avec des chevaux tirés du Bélédougou et du Macina. Il s'en faut que cette armée puisse être mise en entier en ligne, car il est obligé d'entretenir des garnisons de tous côtés pour contenir les populations La fraction de ses troupes qui est mobile, est partagée en cinq corps, commandés chacun par un de ses frères et sans cesse occupés aux frontières à pousser plus loin les conquêtes.

Samory est musulman, sans être un croyant bien fervent. Il tient à l'écart les grands marabouts dont il redoute les intrigues et l'influence.

---

(1) Le 23 mars 1887, le lieutenant Péroz, envoyé de nouveau auprès de Samory, a signé avec celui-ci un traité sur les bases suivantes :

1° Le Niger jusqu'à Tiguibéri, et le Tankisso jusqu'à ses sources servent de frontières entre les possessions Françaises et les états de Samory ;

2° Tous les états de l'Almamy sont placés sous le protectorat de la France ;

3° Le commerce français est libre dans les états de l'Almamy.

Cependant il fait construire des mosquées dans tous les grands villages et il proscrit rigoureusement l'usage des boissons fermentées, pour la raison, dit-il, que l'homme ivre ne craint plus ni Dieu ni diable et se montre prompt à la révolte.

On a vu l'été dernier à Paris un des fils de Samory, le prince Diaoula-Karamoko, que son père avait autorisé à accompagner la mission du capitaine Tournier à son retour en France.

Actuellement enfin. Samory est parvenu à fonder un empire Malinké, dans lequel se trouvent englobés un grand nombre d'états ou de populations disséminées d'origine Poul. Il y a donc en ce moment au Sénégal trois races qui semblent vouloir se grouper. Les Toncouleurs, les Malinkés et les Sarakholé. La première reconnaît comme chef Ahmadou ; la seconde subit en ce moment l'ascendant de Samory (1) et la troisième est celle que le Marabout Mahmadou-Lamine rêvait de grouper autour de lui.

Dès qu'il avait vu le lieutenant-colonel Frey se diriger vers le Niger, contre Samory, le Marabout Mahmadou-Lamine avait réuni ses contingents et s'était mis à parcourir les régions voisines de Bakel.

Un évènement d'une haute gravité qui passa trop inaperçu favorisait singulièrement les projets du Marabout. Le roi du Bondou, Boubakar Saada, venait de mourir. Cette mort marque l'origine de l'agitation du marabout dans le pays.

A ce sujet nous devons donner quelques détails rétrospectifs sur ce pays du Bondou Il a toujours été soumis à deux influences contraires : celle du Fouta état fanatique musulman, et celle du Kaarta, hostile à l'islamisme. Il cédait alternativement à l'une ou à l'autre.

En octobre 1855, au moment où la colonne qui venait de construire Médine, allait s'embarquer pour retourner à Saint-Louis, un indigène se présenta au gouverneur et lui tint ce langage : « Je suis le fils de l'Almamy Saada du Bondou, qui vous a cédé le terrain du fort de Sénoudébou. Lors de l'invasion de notre pays par El-Hadj-Omar, notre

---

(1) D'après les dernières nouvelles, Samory serait à Bissandougou, il procèderait à l'organisation religieuse de son royaume. Il se ferait appeler émir el Mouménin et donnerait à certains de ses villages les noms de Médine et de la Mecque. Il interdit aux villages de la rive droite du Niger de vendre des provisions aux Français et presserait ceux de la rive gauche de passer sur la rive droite.

famille s'est divisée : Les uns par fanatisme ont pris parti pour El-Hadj-Omar ; quant à moi, marié avec une princesse de la famille régnante du Kaarta, j'ai pris parti pour les Bambara ; je me suis joint à leur armée, et j'ai pris part à toutes les batailles qu'ils ont livrées au prophète.

Vaincus partout, nous sommes aujourd'hui dispersés et fugitifs, mais ma haine contre nos ennemis n'a fait qu'augmenter, et je viens me mettre à votre service pour continuer à les combattre. Vous pouvez compter sur moi jusqu'à la mort. »

Le Gouverneur accueillit la proposition du jeune chef, le nomma Almamy du Bondou, et chargea le commandant de Bakel de l'aider de tout son pouvoir à conquérir son royaume.

A partir de ce moment, Boubakar déploya une grande activité dans l'accomplissement ds sa tâche, notamment à la prise de Débou, en Mars 1856 ; à la prise de Naé, en Avril ; à la défense de Sénoudébou, en mai de la même année ; à la prise d'Amadié en mars 1857, et enfin à Somsomfata en août 1857.

En récompense des services qu'il rendait à notre cause, le gouverneur Faidherbe le fit nommer chevalier de la Légion d'honneur, le 21 décembre 1857.

Boubakar nous resta toujours fidèle : et rassurés de ce côté, nous évacuâmes le fort de Sénoudébou en le mettant à sa disposition.

Après trente ans de règne, il est mort à la fin de 1885 et c'est certainement cet évènement qu'attendait le marabout de Gondiourou pour entrer en campagne.

Boubakar avait eu un fils nommé Mahmadi, que le Gouvernement avait fait élever avec le plus grand soin à l'école des otages en même temps que Demba, fils de Sambala de Médine, pour assurer l'avenir dans le Bondou. Malheureusement Mahmadi mourut jeune, et Boubakar ne laissa que deux frères : Omar-Penda, âgé d'environ cinquante ans, qui a toujours combattu auprès de son frère, mais qui n'a pas pour nous beaucoup de sympathie, et un autre frère nommé Ahmadi-Soma, un peu plus jeune, et qui a les mêmes dispositions à notre égard.

Les évènements qui suivirent la mort de Boubakar-Saada montrent combien le dévouement de ce personnage nous a été utile pendant trente ans.

En 1885, il y avait dans le Bondou un parti hostile à Boubakar-Saada.

Le Marabout le savait et avait conçu le projet d'attirer à lui les mécontents.

Aussi, quand il apprit que la colonne avait quitté Khayes, se mit-il à parcourir le Guidimaka, le Guoye, pour sonder les esprits et se rendre compte, au cas où il aurait besoin de ses compatriotes, du concours qu'il pourrait en attendre. Toute la population des provinces des deux rives du Sénégal, des environs de Bakel à Khayes, c'est-à-dire sur un parcours de plus de deux cents kilomètres, est d'origine Sarakholé. Cette race ne se mêle pas aux autres, à cause de l'intelligence et de la supériorité qu'elle s'accorde sur elles. Les vieillards qui se rappelaient avec quelle vigueur, il y a une trentaine d'années, le général Faidherbe, alors gouverneur, avait repoussé l'invasion religieuse d'El-Hadj-Omar, malgré leur grande sympathie pour le prophète, n'auguraient rien de bon d'une levée d'armes contre les Français. Mais le Marabout comprit que si les chefs de village et les vieillards appréciant à sa valeur l'existence paisible due à notre protection, ne pouvaient pas accueillir avec enthousiasme l'idée d'un soulèvement, il n'en était pas de même de la partie jeune de la population. Celle-ci, intelligente, mais légère et vaine, était exaltée par des croyances religieuses qu'entretenaient les prédications des nombreux marabouts du Guidimaka et du Guoye : Elle ne rêvait que guerre contre les infidèles dans l'espoir d'y trouver quelqu'occasion de pillage et de butin.

Une autre partie de la population, évaluée à douze ou quinze cents hommes, et provenant des manœuvres, laptots, chauffeurs, capitaines de rivière retraités ou licenciés. devait également fournir à Lamine un concours précieux.

Ces anciens serviteurs, loin de rapporter de leur séjour parmi nous des sentiments de reconnaissance, étaient animés à notre égard d'un très mauvais esprit.

Redevenus dans leur village musulmans fanatiques, ils faisaient à tout propos sonner très haut leur indépendance, et dans les conflits qui quelquefois éclataient entre les indigènes et les blancs, ils se montraient souvent mal disposés.

Il y avait, dis-je, dans les environs de Bakel, douze ou quinze cents de ces anciens serviteurs : ils se rallièrent aussitôt à Mahmadou-Lamine.

Dès 1880 j'avais déjà eu l'occasion de constater les mauvaises dispositions des gens du Guidimaka, lorsque nous traversâmes leur pays avec la première colonne du colonel Borgnis-Desbordes.

Toutefois, notre tolérance fut excessive, désireux que nous étions de ne pas créer d'ennemis sur notre base d'opérations.

Notre façon d'agir fut considérée et exploitée comme une marque de faiblesse et d'impuissance, et rendit extrême dans ces dernières années, l'arrogance des chefs de village. Ils en étaient arrivés à refuser formellement de nous fournir même, quelques indigènes nécessaires pour le transport des correspondances postales ; aussi, quand le marabout se présenta dans le Khasso, le Natiaga et le Logo, il put réunir sans difficulté le contingent de guerriers qu'il demandait.

Assuré de l'appui des populations, le marabout Mahmadou-Lamine conçut le projet de s'emparer du Bondou.

Un prétexte fut bientôt trouvé : il annonça publiquement son intention d'aller combattre le Tenda qu'il représentait comme peuplé d'infidèles et d'ennemis du Coran. — Lamine savait parfaitement que conformément à nos ordres, les chefs du Bondou s'opposeraient à son passage sur leur territoire ; il n'ignorait pas non plus la profonde impopularité dans laquelle était tombé la famille régnante par l'oppression et les lourds impôts dont elle avait accablé les populations, et il comptait sur les dissensions qui existaient entre Omar-Penda, frère de Boubakar-Saada et son héritier légitime, et Ahmadi-Soma, compétiteur au trône.

Aussi, dès que son appel à la guerre sainte lui eut donné une armée de fanatiques et de pillards, commença-t-il par ravager le Bondou.

Le marabout Ma-Lamine Demba-Debassi, de son vrai nom, n'est pas un noir ordinaire, c'est un ambitieux intelligent, devenu rusé et habile, grâce au contact prolongé des chefs religieux qu'il a fréquentés pendant de longues années.

Sarakholé, né sur les bords du Sénégal aux environs de Khayes, Lamine, après avoir étudié l'arabe à Bakel, partit à l'âge de 20 ans pour entreprendre un voyage à la Mecque. Il resta absent pendant une trentaine d'années, courut le monde musulman, et se vanta à son retour d'avoir passé plusieurs années à Constantinople.

En passant par Ségou, il eut l'imprudence d'y annoncer son intention de fonder un empire Sarakholé aux dépens de celui d'Ahmadou. Celui-ci le fit arrêter et le retint six ans prisonnier.

Il ne reparut dans le haut Sénégal qu'en 1885.

Il était bien doué pour le rôle qu'il s'était choisi ; il est de haute taille, il a la physionomie d'un homme fait pour commander. Il parle bien, il est instruit pour un noir, et il s'est montré aussi rusé dans sa propagande qu'audacieux dans l'action.

Le prompt succès de sa tentative prouve du reste suffisamment combien sont remarquables les ressources de son esprit.

En six mois il s'est fait une assez grande réputation pour pouvoir réunir une armée.

Sa qualité de pèlerin de la Mecque lui donna dès son retour un certain prestige. Il racontait aux noirs crédules qu'il avait couché auprès du corps de Mahomet et que le prophète n'était à peine plus grand que lui de deux doigts. Il cherchait à leur insinuer par là que son rôle serait presque aussi grand que celui du fondateur de l'Islam. Comme tout bon prophète se reconnaît aux miracles qu'il a le don de faire, il en faisait.

Dans les derniers jours de novembre 1885, le colonel Frey avait fait venir à Khayes le marabout Lamine pour obtenir des explications au sujet du projet que lui attribuait l'opinion publique ; levée d'une armée pour aller combattre les infidèles du Tenda puis Ahmadou.

Mahmadou-Lamine ne fit aucune difficulté pour se rendre auprès du commandant supérieur, il protesta vivement de son dévouement aux Français, qu'il aimait, disait-il, de longue date, dont il connaissait la puissance et contre lesquels il n'entrerait jamais en lutte. Il nia tout projet vis-à-vis du Tenda et avoua que son seul désir était de nous voir déclarer la guerre à Ahmadou, ce qui lui permettrait de se mettre à la tête des Sarakholé et de combattre à nos côtés. Sambala roi de Médine, présent à ces entretiens, se porta garant du dévouement du Marabout et conseilla vivement de ne pas prendre de mesures contre lui.

Le colonel accéda à cet avis et pensa même pouvoir autoriser Lamine à se rendre à Tuabo village situé à une douzaine de kilomètres en aval de Bakel avec une escorte de cinquante hommes choisie parmi ses disciples, à la condition toutefois que ces hommes ne devaient point porter d'armes. Lorsque Lamine passa à Bakel, le commandant du poste remarqua que son escorte était armée, s'en étonna, et demanda des ordres par télégraphe. Mahmadou n'attendit pas que l'on fut disposé à s'emparer de sa personne et se dirigea sur Balou, village soumis, situé à l'embouchure de la Falémé. Il s'arrêta pour demander à Omar-Penda l'autorisation de traverser le Bondou, voulant aller attaquer Gamou, grand village fortifié du Tenda, entre la Gambie et les frontières sud du Bondou. Il alléguait que les gens de Gamou avaient jadis insulté sa mère et qu'il se proposait d'en tirer vengeance. Ce prétexte était très bien choisi, car Gamou est un vieil ennemi du Bondou. Boubakar l'a assiégé deux fois sans succès et y a laissé ses meilleurs soldats. Mahmadou comptait donc sur cette communauté de haine pour s'ouvrir l'entrée du Bondou. Mais Omar-Penda se méfia et lui répondit par un refus formel.

Le Marabout était toujours à Balou et ses forces s'étaient considérablement accrues. Le commandant de Bakel, escorté de quelques traitants, alla tenter auprès de lui une démarche toute pacifique. Il lui représenta que c'était faire acte de rébellion que de vouloir traverser un pays allié à la France, malgré l'opposition du chef de ce pays ; et ajouta que sa présence dans un village soumis avec des forces considérables, pouvait être considérée par nous comme un acte d'hostilité.

A ce moment le Marabout se sentait fort d'environ deux mille hommes qui s'étaient joints à lui : aussi répondit-il qu'il ne comprenait pas la défiance de la France et du Bondou à son égard ; que s'il était quelque chose il le devait à la protection française : qu'il cherchait seulement à aller à Gamou chez des infidèles, venger une vieille injure et que l'on ne pouvait s'opposer à un désir aussi légitime

Le Commandant ne put obtenir satisfaction et Mahmadou-Lamine commença à piller méthodiquement le Bondou sous prétexte de nourrir ses troupes pendant leur marche vers Gamou. A la première nouvelle de sa mise en route, Omar-Penda avait immédiatement abandonné Sénoudébou en donnant pour raison qu'il voulait aller mettre sa ville à lui Boulébané, en état de défense. Mahmadou-Lamine entra donc à Sénoudébou sans tirer un coup de fusil.

Lorsqu'il y fut bien installé, il s'achemina vers Boulébané. Omar-Penda, estimant sans doute que la défense n'était pas suffisamment assurée, n'essaya pas de résister, et s'enfuit dans le Damga, province du Fouta, pour demander aide et assistance à Mahmadou Abdoul fils d'Abdoul Boubakar, chef dans le Fouta.

Dès la nouvelle de la prise de Sénoudébou, le Colonel envoya les premiers ordres pour préparer un retour offensif qui aurait lieu aussitôt que le ravitaillement des postes serait achevé.

La deuxième compagnie de tirailleurs, les troupes d'infanterie de marine et les disciplinaires furent échelonnés entre Badumbé et Kita. Le 15 février, apprenant le pillage des villages du Bondou et des environs de Bakel, le commandant du Haut-Fleuve envoya aux troupes l'ordre de se diriger sur Khayes.

La deuxième compagnie devait, dès son arrivée à Khayes, être portée à 150 hommes et être dirigée sur Bakel. De là les deux compagnies, formant un effectif de 250 hommes environ, avaient l'ordre d'opérer

2

réunies, dans les environs du poste ; de visiter les villages des pays annexés ; de ramener l'ordre dans les populations ; en un mot d'exercer un rôle de surveillance et de protection.

Le Marabout cherchait alors à entraîner quelques populations encore indécises; il se disait notre ami et donnait comme preuve de son entente avec nous, la tranquillité dans laquelle vivait sa famille à Gourdiourou.

Pour mettre fin à ces agissements, ordre fut donné d'enlever et de conduire à Médine les femmes et les captifs qu'il avait laissés dans son village.

L'opération, habilement conduite par le commandant de la deuxième compagnie (capitaine Ferat), eut un plein succès.

Toutefois elle décida le Marabout à abandonner ses projets à l'égard du Tenda, à se déclarer ouvertement contre nous. et à concentrer ses bandes à Kounguel, à six kilomètres de Bakel. Aussi le 13 mars ordre était-il envoyé à la première compagnie de tirailleurs de la garnison de Bakel de disperser ces contingents.

Le 14 eut lieu le combat de Kounguel. L'ennemi prévenu par l'interprète Alpha-Sega, s'était embusqué dans un marigot situé environ à mi-chemin de Kounguel, cette partie de la route était couverte et constituait un passage difficile. Le commandant de la compagnie, trahi par l'interprète, donna dans une embuscade habilement préparée, et fut forcé de battre en retraite sur Bakel, en laissant aux mains de l'ennemi une pièce de canon qui n'avait pu tirer un seul coup.

Nos pertes furent de dix tués et de vingt-cinq blessés dont deux officiers. L'ennemi eut cent cinquante hommes tués et autant de blessés.

Ce succès donna au Prophète un prestige immense et lui attira de nouveaux contingents. Bientôt il se sentit en état de prendre l'offensive contre nous. Le 3 avril une première attaque était exécutée par ses bandes contre le village de Bakel. La plus grande partie de la population sarakholé, secrètement dévouée à sa cause, se tournait contre nous, lui livrait et incendiait elle-même le village de Mody M' Palé (partie ouest de Bakel). Malgré cette trahison il rencontrait une résistance énergique du reste de la population. Les traitants, quelques sarakholé, des bambaras et des yolofs habitants du village de Guidi M' Palé (partie est de Bakel) ainsi que quelques Toucouleurs, secondés par le feu du fort, soutinrent pendant plusieurs heures dans les rues du village un combat acharné. L'attaque fut repoussée et éprouva des pertes considérables. De notre côté nous avions trois traitants tués et environ cinquante blessés dont un seul appartenait à la garnison du fort.

Le lendemain, une seconde attaque dirigée par le Marabout en personne n'avait pas plus de succès.

L'interprète Alpha-Sega qui avait déjà trahi le 14 mars à l'affaire de Kounguel devait mettre le feu à la poudrière, et, à la faveur du désordre qui en résulterait, ouvrir à l'ennemi. Surpris dans l'accomplissement de son crime, il fut immédiatement fusillé. La principale attaque dirigée par le Marabout sur la porte du fort qui devait lui être ouverte, échoua complètement. L'ennemi subit encore des pertes considérables.

A ce moment, le capitaine Férat arrivait à Diakandapé avec une colonne qui comprenait la deuxième compagnie de tirailleurs, un détachement d'infanterie et une pièce de canon. C'était l'avant-garde de la colonne du colonel Frey.

Parti le 13 février de Bammakou, le colonel était arrivé le 2 avril à Khayes et hâtait la rentrée des dernières troupes échelonnées sur la ligne de ravitaillement, pour achever l'organisation du corps expéditionnaire qui devait débloquer Bakel.

Le 10 avril l'effectif dont disposait le colonel Frey se répartissait de la façon suivante :

Européens 150 ;

Tirailleurs et spahis noirs 450 ;

Total.... 600 combattants.

La force et la composition du corps expéditionnaire permettaient une action énergique et rapide. Toutefois, cette action ne pouvait être entreprise qu'autant que Khayes où se trouvaient toutes les ressources en approvisionnements serait mis à l'abri d'un coup de main. Malheureusement ce nouveau point d'appui était entièrement dépourvu d'ouvrages défensifs, et il était difficile à la colonne de rien entreprendre avant d'y avoir pourvu.

Les circonstances permirent d'adopter un plan d'opération atténuant dans une large mesure les désavantages de la situation.

Les villages du Guidimaka après avoir fourni au Marabout des contingents considérables avaient, à la suite du combat de Kounguel, recueilli un grand nombre de blessés et donné asile à ceux dont l'enthousiasme était devenu hésitant. Comme le sultan Ahmadou avait la prétention d'exercer des droits sur le Guidimaka, le colonel l'informa des faits accomplis, et l'invita à châtier les coupables. Ahmadou n'en fit rien. Il nous appartenait alors de prendre nous-mêmes l'initiative de la répression. Une expédition immédiate dans le Gadiaka fut donc décidée. Elle avait pour avantage de ne pas éloigner prématurément la colonne de Khayes : en outre, l'attaque des villages devait produire de nombreuses désertions dans l'armée du marabout, forte alors de 15,000 hommes, en obligeant ceux des habitants qui s'étaient joints à lui à revenir chez eux défendre leurs femmes et leurs enfants.

Le 12 avril commença pour la colonne expéditionnaire, une seconde campagne de six semaines qui offre un grand intérêt.

Marches forcées, marches de nuit, surprises de nuit, tout ce qu'un chef ingénieux et hardi peut demander à une troupe aguerrie, dévouée et admirablement entraînée, fut essayé et presque toujours obtint plein succès.

On est étonné des preuves de vigueur que sut encore donner cette vaillante troupe, quand on considère que deux mois avant elle combattait sur le Niger à plus de 800 kilomètres de ce nouveau théâtre d'opérations.

Une série de villages, bâtis le long du fleuve, furent pris les uns après les autres et incendiés : les habitants s'étaient réfugiés à Bokhoro, grand village de l'intérieur, avec leur bétail et leurs richesses. Bokhoro fut surpris par une marche bien dissimulée, et pris après deux combats de nuit et une résistance désespérée de la part de l'ennemi, qui nous blessa dix tirailleurs et tua une vingtaine d'auxiliaires.

Les noirs, habitués à nous voir ne jamais nous éloigner des bords du fleuve, furent consternés de la chute de Bokhoro. On entendait la nuit les femmes gémir et crier. Lamine ! Lamine ! viens à notre aide.

Le lendemain de Bokhoro, eut lieu un nouveau combat suivi de la prise des deux grands villages de Guémou et de Bambella où l'on trouva un riche butin.

Le Marabout avait déjà à la suite de ses deux échecs renoncé à s'emparer du village et du fort de Bakel; mais toutefois il avait continué à les faire étroitement bloquer par une partie de ses forces, pendant qu'il se portait avec le reste à la rencontre du colonel. Voyant ses bandes ébranlées et portées à la désertion à mesure qu'elles apprenaient la marche de la colonne contre leurs villages, il fut obligé d'interrompre le blocus de Bakel pour aller au devant des Français. Il emmena alors avec lui six à sept mille hommes. La rencontre eut lieu le 19 avril, à Tamboukhané, dans une position qu'avait choisie et fortifiée d'avance le colonel Frey. Le combat fut très résolument engagé par les noirs. Le drapeau blanc du prophète vint tomber à vingt mètres de nos lignes. Son armée n'en fut pas moins dispersée. Les contingents, découragés, ne cherchèrent point à se rallier et songèrent à rentrer chez eux. Lamine, se voyant abandonné, se sauva vers le Bondou. La colonne se mit aussitôt à sa poursuite.

Si on jette un regard sur la carte, on voit que le *Sénégal* et son affluent la *Falémé* forment un angle presque droit. Makhana se trouve sur le Sénégal à quarante-cinq kilomètres environ du confluent, et Senoudébou, sur la Falémé à peu près à la même distance de ce même confluent.

Le territoire compris dans l'angle est un désert sans eau. La route ordinaire longe les deux rivières et décrit par conséquent le même angle qu'elles.

Le commandant Combes eut mission de poursuivre le Marabout pendant que le colonel Frey se dirigeait sur Sénoudébou à travers le désert, avec une colonne légère. Ce dernier marcha quatorze heures, de cinq heures du soir à sept heures du matin. Cette marche fut si pénible que des auxiliaires (1) périrent de soif.

On arriva à temps pour barrer la route au Marabout, et, sans la maladresse d'un guide, on l'aurait certainement capturé. Il se reposait au village de Kydira, où il venait d'arriver depuis une heure à peine et se croyait dans la plus grande sécurité. L'on entendait son tamtam invitant les populations des environs à venir saluer le grand prophète.

Un détachement fut envoyé pour garder le gué de Maé, au-dessus du village, pendant que la colonne, très allongée par la rapidité de la marche se reformait. Le détachement ne devait se montrer qu'au moment où la colonne serait en état de passer le gué, de s'établir en travers de la route et de cerner le village. Au lieu de conduire ce détachement à Maé, le guide le mena à Kydira.

Nos hommes, apercevant sur la place une troupe de cavaliers et de fantassins, firent feu.

Mahmadou-Lamine se trouvait dans le tata du village, sorte de réduit de la défense. N'ayant pas été inquiété jusque là dans sa

---

(1) On appelle auxiliaires au Sénégal, des volontaires qui s'adjoignent à nos expéditions plus souvent dans l'intention de prendre part au butin que pour combattre. Ils nous gênent plus qu'ils ne nous servent dans les routes et les rencontres, mais ils deviennent utiles après le combat pour poursuivre l'ennemi en déroute et razzier.

fuite, il était loin de soupçonner la présence des Français. Il pensa d'abord que ces coups de feux étaient le fait de quelques indigènes de la région que son retour mécontentait et qui s'attaquaient aux siens. Il se contenta de hausser les épaules avec mépris. Un feu de salve le détrompa « mais ce sont les Français » cria-t-il. Et fou de terreur, il se précipita hors du tata, sans même prendre le temps d'emporter les objets de valeur qu'il avait avec lui, et parmi lesquels on trouva son cachet et les bijoux de ses femmes. Il sauta à cheval et se sauva à toutes brides sur Sénoudébou. Le tata, défendu par une poignée de fidèles, fut enlevé d'assaut et les défenseurs tués à coups de crosse de fusil, les tirailleurs répugnant à se servir de la baïonnette. Six cents femmes qu'il emmenait à sa suite, un grand troupeau et tous les bagages tombèrent entre nos mains à Kydira. Dans ces bagages se trouvaient plus de trois cents corans dont quelques-uns étaient richement reliés et qui jusqu'à ce jour avaient été portés par dix porteurs indigènes marchant pompeusement derrière lui (1).

Mahmadou-Lamine ne nous attendit point à Sénoudébou, où la colonne se rendit aussitôt : il se refugia dans le Diaka sur la limite de la Gambie anglaise.

A la nouvelle de sa déroute, les contingents auxquels il avait donné la mission de bloquer Bakel, traversèrent le fleuve et se concentrèrent sur la rive droite, devant le village de Manahel. Ils étaient environ 7 à 8,000 individus, parmi lesquels beaucoup de femmes et beaucoup d'enfants, que la crainte de nos représailles avait fait fuir de leurs villages. Le colonel Frey alla les y attaquer et après un engagement qui dura trois heures, les dispersa et leur fit de nombreux prisonniers.

Enfin une dernière leçon fut donnée aux gens de Guidimaka : il s'agissait de chatier les villages de Guémou et de Kémandao dans lesquels s'étaient réunis les transfuges de Bakel et les populations de plus de vingt villages qui n'avaient pas encore fait leur soumission.

Guémou est le même village dont la prise en 1857, sous le gouvernement du général Faidherbe, nous coûta six officiers tués ou blessés ;

---

(1) (Mahmadou-Lamine s'enorgueillissait beaucoup de cette bibliothèque ambulante. Il prétendait que chacun des livres qui la composaient était le présent d'un monarque ou d'un grand chef de croyants et qu'il l'avait réunie dans le cours de ses trente années de voyages et d'études religieuses).

le chef de bataillon Faron, devenu général inspecteur de l'infanterie de marine était parmi ces derniers (1).

En marchant vers ce point, la colonne fut attaquée en pleine nuit par un groupe de cinq à six cents hommes résolus, qui tentèrent de lui barrer la route. Le Marabout-Lamine n'étant plus là pour enlever aux balles françaises leur efficacité, ainsi qu'il en avait fait la promesse à ces populations crédules, les guerriers avaient eu recours à leurs vieilles pratiques fétichistes ; ils avaient immolé des moutons sur le sentier que devait suivre la colonne et à proximité du point choisi pour leur embuscade. Il paraît qu'un sentier ainsi ensorcélé doit devenir infranchissable à l'ennemi. Le sacrificateur fut tué par un éclaireur sur le corps même de l'un de ces moutons, au moment où il prononçait les paroles sacramentelles. Toutefois il semble que leur foi dans ces sortilèges soit limitée, puisqu'ils n'attendirent pas la colonne qui trouva le village de Guémou abandonné.

En allant de Guémou à Kémandao, la colonne livra un combat très rude à plusieurs milliers d'hommes. Ce fut le dernier rassemblement important qu'elle ait eu à disperser. Elle termina ses opérations en enlevant d'assaut un marigot dans lequel quatre cents hommes s'étaient fortement retranchés : l'ennemi laissa soixante morts dans ce ruisseau.

Tous les villages soulevés par Mahmadou-Lamine contre nous se trouvèrent ainsi chatiés les uns après les autres : ses bandes étaient anéanties ou dissoutes : les survivants demandèrent la permission de rentrer dans leurs foyers, et à la fin du mois de mai la paix se trouva rétablie dans le haut Sénégal. On estime à trois mille le nombre des hommes qui ont péri sous nos balles, ou par la soif et la faim dans la brousse, pendant ces six semaines. Peu de campagnes ont été aussi meurtrières au Sénégal.

La nouvelle de l'attaque de Bakel causa une certaine émotion à Saint-Louis et le contre-coup s'en fit sentir en France. L'interruption des communications télégraphiques augmenta l'émotion en laissant libre cours aux bruits les plus étranges et les plus exagérés.

En présence de la surexcitation qui régnait à Saint-Louis, le comité de défense dut se réunir et prendre les mesures nécessaires pour cal-

---

(1) Le lieutenant de vaisseau Aube, aujourd'hui ministre de la marine, commandait en second la colonne Faron et prit le commandement lorsque cet officier eut été mis à peu près hors de combat.

mer l'irritation des ouolofs contre les sarakholé qui habitaient la ville. On dut interdire la vente des armes et de la poudre. Dans les premiers jours d'avril, les noirs de Saint-Louis se présentèrent en masse à l'hôtel du Gouvernement et demandèrent à partir pour Bakel ; malheureusement, à cette époque de l'année des renforts ne pouvaient remonter le fleuve. On croyait encore le colonel Frey avec sa petite colonne à 800 kil. à l'est du théâtre de ces évènements, et l'on était d'accord sur ce point que, si le Marabout à la suite d'un coup de main hardi, parvenait à détruire les magasins de Khayes, alors sans défenses, la situation de la petite colonne serait fortement compromise.

Le bruit d'un concours promis à Lamine par les chefs du Fouta commençait à circuler. Une prise d'armes chez les Toncouleurs, c'eut été l'insurrection jusqu'aux portes de Podor.

Comme il fallait déjà prévoir le cas où l'envoi d'une colonne de secours deviendrait nécessaire, un bataillon d'infanterie de marine fut expédié de France en toute hâte à Saint-Louis.

Dans l'hypothèse d'un envoi de troupes de renfort pour le haut fleuve, une difficulté se présentait ; le fleuve, cette route naturelle, la seule suivie jusqu'à ce jour pour remonter à Bakel, était rendu impraticable par la baisse des eaux.

D'ailleurs, on ne pouvait organiser une colonne de secours sans être auparavant renseigné sur la situation, et les nouvelles positives ne parvenaient plus. En prévision des mesures à prendre dans le cas possible de complications ultérieures, il devenait urgent de recueillir à l'avance des renseignements exacts sur la situation et de rechercher les moyens d'y remédier.

Inspiré par les considérations que je viens d'énoncer, le Ministre de la Marine me donna l'ordre de partir par le courrier du 20 avril 1886, et je reçus les instructions qui devaient me guider dans l'accomplissement de la mission qui m'était confiée.

Le 1er mai, j'étais rendu à Dakar et le 2 à Saint-Louis.

Un court séjour me permit d'y recueillir quelques renseignements ainsi que quelques nouvelles plus ou moins incertaines, et je pris, après avoir vu le gouverneur et les autorités de la colonie, les dispositions nécssaires pour me rendre dans le haut Fleuve.

Le 15 mai, je partis de Saint-Louis sur le remorqueur le *Bakel*, et le 18, je fus débarqué dans l'île à Morphil, près de Mafou, à 400 kil. du théâtre de l'insurrection.

Mafou est, pendant la saison des basses eaux, le point terminus de la navigation des steamers. Je dois constater que la colonie n'est pas munie, comme il conviendrait, de vapeurs de faible tirant d'eau. Avec des canonnières de 0^m,50 de tirant d'eau, on naviguerait en tout temps, excepté peut-être, en avril et mai, sur le Sénégal (1).

J'étais parti de Saint-Louis avec quatre spahis, deux conducteurs et un interprète, tous indigènes.

Je me proposais en allant à Bakel de rechercher un chemin très direct, d'apprécier la possibilité de le faire suivre, le cas échéant, par une colonne composée des différentes armes, et de me rendre compte des ressources du pays. Il me paraissait également de quelque utilité de prendre contact avec les populations et de voir dans quelles dispositions étaient leurs chefs.

Suivant mes prévisions, j'arrivai le 30 mai à Bakel où je trouvai la colonne du colonel Frey réunie et cantonnée.

Pendant ce voyage de douze jours, j'avais franchi la distance de Mafou à Bakel, soit 350 kil. à vol d'oiseau, 450 environ par les chemins que j'avais suivis à travers les régions les plus peuplées du Fouta.

Malgré la chaleur torride du mois de mai, mes bêtes avaient supporté vaillamment cette marche pénible ; mes noirs furent quelquefois indisposés ; l'un d'eux, malade, ne put me suivre au delà de Matam.

Les entrevues qu'il me fut possible d'avoir avec les divers potentats de cette grande confédération me procurèrent des renseignements utiles sur la situation politique de ce pays.

J'ai pu constater que l'influence d'Abdoul Boubakar était très restreinte dans le Bosséa et qu'elle n'existait réellement que dans la région comprise entre Odégui et Matam.

Dans le Damga entre Matam et Dembakané, les populations soumises depuis 1863 à notre domination, subissent actuellement le joug de l'électeur Abdoul Boubakar. Ce personnage m'a déclaré qu'il avait obtenu l'abandon de nos droits en sa faveur sur cette région, lors d'une entrevue qu'il avait eu avec le Gouverneur quelques mois auparavant. Les notabilités qui accompagnaient le Gouverneur affirment qu'aucune promesse n'a été faite au chef du Fouta ; celui-ci ment donc sciemment.

---

(1) Les Anglais ont aujourd'hui, sur le Nil, des bateaux à vapeur qui ne calent que 30 à 40 centimètres, il est donc possible d'en avoir de semblables sur le Sénégal.

Le prestige d'Abdoul Bou Bakar repose sur la confiance qu'il a su depuis longtemps inspirer à tous les aventuriers avides de butin. Ceux-ci s'empressent d'accourir au moindre de ses appels, certains d'avance d'être conduits au pillage.

Si Abdoul est un maître brigand, malheureusement, c'est aussi un politique rusé. Remuant et entreprenant, il est susceptible de nous créer des embarras. Toutefois, il est avancé en âge ; son autorité s'en ressent ; et il serait désireux de jouir de la situation qu'il s'est créée par tant d'efforts et de luttes. Il redoute d'autre part une reprise d'hostillités dont le dénouement pourrait lui être fatal. Il sait qu'il a plus obtenu par son habileté et sa souplesse d'esprit que par tout autre moyen, et il comprend que nous ne pourrions tolérer sur notre ligne de ravitaillement du haut fleuve un chef qui fut vis-à-vis de nous hostile ou menaçant. Aussi devons-nous agir avec fermeté vis-à-vis de lui, et ne pas hésiter à lui refuser toutes les concessions qu'il nous demandera de lui accorder.

Non content du Damga où il règne en despote cruel et pillard, Abdoul semble rêver encore d'obtenir la cession du Toro. Il ne lui resterait plus alors qu'à reconstituer l'ancien Fouta démembré en 1863.

Le fils ainé d'Abdoul qui dans l'état actuel des choses, n'hériterait à la mort de son père ni du titre d'électeur ni de l'influence que celui-ci s'est acquise, considère dès maintenant le Damga comme un fief héréditaire qui doit lui revenir à la mort de son père.

En admettant l'hypothèse que le Gouvernement français reconnaisse à Abdoul les droits qu'il prétend avoir à la possession du Damga, son frère Ali Bakar issu de même père et de même mère se croirait en droit suivant les coutumes locales, de lui succéder et de s'approprier son héritage. Il se trouverait alors en présence du fils de l'électeur qui semble déjà marcher sur les traces du père et qui le lui disputerait vigoureusement.

Il est fàcheux qu'on ait permis depuis un an l'immixtion d'Abdoul dans les affaires d'une province soumise à notre autorité.

En admettant, comme il faut l'espérer qu'il renonce bientôt à ses prétentions, l'œuvre d'organisation qu'il poursuit et qu'il a déjà en partie accomplie pour assurer sa domination, en ruinant nos partisans au profit des siens, laissera subsister longtemps dans le pays une impression fàcheuse ; d'autant plus que la tolérance dont nous faisons preuve en laissant commettre au chef Toucouleur ses déprédations, est pour nos partisans les plus dévoués un aveu certain d'impuissance.

Dans le cas d'un conflit entre le gouvernement français et un chef Toucouleur, fût-ce même Abdoul bou Bakar, la plupart des villages du Fouta hésiteraient à s'insurger ouvertement.

Mais ce qui paraît évident, c'est que la plupart des guerriers quitteraient leurs demeures pour répondre à l'appel de celui qui nous ferait ouvertement la guerre. Il est également vrai que tous les gens ayant une situation dans le Fouta verraient sans regret la ruine d'Abdoul : toutefois ils se refuseraient à nous aider de leur concours dans une lutte contre lui.

Les Toucouleurs reçoivent le mot d'ordre religieux et politique du Sultan de Ségou, et j'ai pu personnellement constater la présence des émissaires d'Ahmadou dans les principaux villages. Musulmans d'autant plus fanatiques qu'ils sont superstitieux et ignorants, les Toucouleurs nous feraient la guerre si nous avions des démêlés avec Ahmadou. Ces populations du Fouta, riveraines du fleuve, sont maitresses de la navigation pendant les basses eaux, et capables d'intercepter toutes nos communications.

Cette situation intolérable ne saurait se modifier, tant que les chefs du Fouta auront la moindre indépendance, et tant que notre action sur les populations ne sera pas devenue telle que nous puissions mettre fin à notre gré aux influences hostiles. Actuellement ces influences agissent en toute liberté sans qu'il nous soit possible d'y mettre le moindre empêchement et les gens du Fouta les accueillent d'autant plus volontiers qu'ils sont plus isolés des européens qu'ils ne connaissent pas. Aussi nous considèrent-ils comme les pires ennemis de leurs institutions et de leur race ; sont-ils disposés à favoriser ceux qui nous font la guerre ; et à opposer une résistance perpétuelle à tous nos efforts.

Le colonel Frey eut le 2 mai une entrevue avec Abdoul bou Bakar dans ce même village de Dembakané, où le 29 mai je rendis également visite au chef du Fouta.

L'impression du colonel Frey est la suivante :

« Il n'y a aucune confiance à avoir dans les bonnes dispositions apparentes d'Abdoul bou Bakar.

» La réserve qu'il a montrée dans ces derniers temps lui était imposée par le voisinage de la colonne et par la connaissance de nos succès.

» La question du Damga vient de prouver la mauvaise foi de ce
chef. »

Nous avons laissé le marabout Mahmadou-Lamine fuyant devant le
colonel Frey qui le poursuivait. Après s'être réfugié dans la région
comprise entre la Falémé et la Gambie, l'agitateur parvint à réunir une
poignée d'aventuriers, tandis que la colonne était rentrée à Bakel.

Au mois de juillet 1886, avant de revenir à St-Louis, le colonel Frey
avait dû faire réoccuper le poste de Senoudebou, afin de maintenir à
distance les nouvelles bandes du Marabout et de protéger les habitants
du Bondou.

Le poste était en très mauvais état ; Mahmadou-Lamine en s'enfuyant
devant nos colonnes l'avait incendié. Mais l'enceinte quoique nécessi-
tant quelques réparations était encore défendable.

La garnison laissée à Sénoudebou comprenait : 70 tirailleurs sous le
commandement de M. le sous-lieutenant Laty, assisté du sous-lieutenant Yoro-Coumba, et une pièce de canon commandée par l'adjudant
d'artillerie Fougas, servie par 8 tirailleurs auxiliaires de la batterie

Dans le courant du mois d'août, les bandes de Mahmadou-Lamine,
qui de sa personne s'était retiré à Diama, dans le Diaka, faisaient de
nouveau leur apparition dans le Bondou. L'une d'elles surprenait dans
le village de Picha, situé à 40 kilomètres dans l'ouest de Sénoudébou,
Oumar-Penda, le frère et le successeur de Boubakar-Saada, et le
tuait.

Saada Amady, frère d'Oumar Penda, lui succédait alors comme
Almamy du Bondou. Plus énergique et mieux avisé que son prédé-
cesseur, il réunissait ses sujets armés et venait s'établir aux abords
du poste de Sénoudébou.

Dans le courant de septembre des bruits vagues circulaient au sujet
de Mahmadou-Lamine qui allait, disait-on, quitter Diaka, et tenter une
opération dont on ignorait l'objectif. En effet, le 22 septembre une
bande du Marabout attaquait le petit village de Sambakola situé à une
vingtaine de kilomètres à l'ouest de Sénoudébou.

Immédiatement le sous-lieutenant Yoro-Coumba, devenu commandant du poste par suite du départ de M. Laty, départ nécessité par
l'état de santé de cet officier, prenait toutes les dispositions nécessaires
pour résister à une attaque qu'il jugeait imminente. Il fit ensuite placer
les hommes de Saada Amady en embuscade en avant du poste, dans la

direction où il présumait que se présenterait l'ennemi. Les femmes et les enfants étaient parqués à l'abri du poste, qui conservait sa garnison entière.

Le 23 septembre l'attaque eut lieu. Dix-huit cents hommes de Mahmadou-Lamine s'avancèrent contre les gens de Saada Amady, qui, sous le nombre, lâchèrent bientôt pied et se replièrent sur le poste. Déjà les soldats de Mahmadou pénétraient dans le village, les femmes et les enfants s'enfuyaient dans toutes les directions, quand le sous-lieutenant Yoro-Coumba prenant avec lui trente tirailleurs, sortit du poste, tomba sur les assaillants, leur tua un grand nombre d'hommes et les chassa du village et des abords. Il eut la sagesse de borner là son action, et laissa les hommes de Saada Amady, qui s'étaient ralliés et que le combat avait électrisés, s'élancer à la poursuite des fuyards.

L'ennemi perdit 170 hommes dont 82 prisonniers qui furent passés par les armes. On ramassa 300 fusils sur le champ de bataille. De notre côté nous avions eu 3 tirailleurs tués et un blessé, et les gens du village comptaient 4 tués et 15 blessés. Quatre jours après arrivait un renfort inutile de 70 hommes envoyé de Bakel par le commandant Combes.

Le poste de Sénoudébou créé pour empêcher les Dioula d'aller en Gambie, a eu sa raison d'être, il y a trente ans. Aujourd'hui il paraîtrait préférable de créer un établissement dans la Falemé moyenne. D'ailleurs, on ne peut plus tirer parti des ruines du poste de Sénoudébou. Un nouvel établissement construit dans la région voisine de Farabana c'est-à-dire à 180 kilomètres du confluent de la rivière, bénéficierait d'une partie du commerce du Bambouck, qui va aujourd'hui en Gambie, c'est-à-dire chez les anglais. Le comptoir installé dans la Falemé moyenne aurait cet immense avantage d'épargner aux caravanes au moins quinze jours de route, les droits de passage dans plusieurs pays entre la Falemé et la côte, et la crainte d'être pillés pendant le trajet. Le commerçant qui apporterait du sel, des indiennes, du calicot, des alcools, de la poudre et des armes, serait assuré de pouvoir acheter tout l'or extrait dans la région. L'or qui ne va pas à la côte est acheté sur place par des caravanes de Dioula qui donnent 8 kilos de sel pour 15 fr. d'or. Ces commerçants n'ont qu'un seul moyen de transport pour le sel : les ânes. Par suite, ils en apportent relativement fort peu et leurs frais sont très grands ; le transport par eau diminuerait considérablement leurs frais, et leur permettrait de vendre leur sel à un prix bien inférieur à celui des caravanes de Dioula.

Le lieutenant-colonel Galliéni a été nommé commandant supérieur du haut fleuve pour la compagne 1886-1887. Tout le monde a lu l'émouvant récit du voyage de cet officier en 1880, alors qu'étant capitaine, il fut chargé de porter des présents à Ahmadou. MM. Vallière et Tautain, ses glorieux compagnons se sont fait un honneur de seconder de nouveau leur ancien chef de mission.

Le colonel Galliéni est arrivé le 15 novembre 1886 à Bakel, et a assuré immédiatement l'exécution des réparations nécessaires au poste et aux ouvrages environnants.

Il s'est rendu ensuite à Aroundou au confluent de la Falemé, pour faire élever sur un vaste plateau d'une salubrité parfaite, les installations nécessaires à la première colonne qui devait venir s'y concentrer.

L'indulgence complète fut accordée au Guoy et au Kaméra, sous condition de ne plus seconder Mahmadou Lamine en l'étoile duquel les habitants semblent encore avoir confiance (1).

Le Guidimaka, cette province qui borde la rive droite du Sénégal entre Bakel et Médine réclame notre protectorat. Ce malheureux pays est réquisitionné sans mesure ni pitié par les cavaliers d'Ahmadou, qui forcent également les guerriers à rejoindre leur chef vers Koniakary. On voyait dernièrement jusqu'en face de Khayes de longues bandes d'hommes armés qui allaient vers l'est.

Au mois de janvier, Ahmadou avait auprès de lui une armée d'une douzaine de mille hommes ; tous ses talibés de Nioro l'avaient suivi, et de plus, les contingents du Kaarta, du Diombokho, du Guidimaka étaient auprès de lui. Il avait établi son quartier général à Konia-

---

(1) Le colonel Galliéni a créé à Bakel une école d'otages. Trois enfants de chaque village des pays Sarakolé et du Bondou y sont réunis ; quelques sujets sont même originaires des régions du Niger. On sait que le général Faidherbe avait créé autrefois à St-Louis une école d'otages, abandonnée depuis malgré les excellents résultats obtenus.

Des écoles viennent d'être fondées un peu partout, grâce au dévouement de M. Hubner, directeur du service des postes et des télégraphes dans la colonie. M. Hubner est le délégué de la Société l'Alliance française pour la propagation de la connaissance de la langue. Les résultats déjà obtenus sont fort appréciables.

kary distant de 3 ou 4 journées de marche de Khayes , et se disposait à marcher sur Gouri, ou s'était réfugié le fils de Mahmadou-Lamine (1).

Les nombreux émissaires dont j'avais constaté la présence dans le Fouta, ont déjà réussi à faire émigrer plusieurs tribus de Poul et avec elles le chef Samba-Gouma. Il y a toujours lieu de se préoccuper de l'attitude douteuse de notre voisin. Aussi est-il bon de savoir que les postes qui, échelonnés sur la route du Niger, entre Bakel et Bammako, couvrent une région égale en superficie au tiers de la France, sont, grâce à la solidité de leur construction et à leurs approvisionnements, à l'abri de toute insulte, de la part de nos ennemis mal armés et ignorants.

Le Colonel se proposant d'aller dans la région voisine de la Gambie poursuivre Mahmadou-Lamine dans ses derniers retranchements, crut nécessaire d'assurer par tous les moyens la sécurité de la ligne de postes.

Dès son arrivée, le Colonel donna une nouvelle impulsion à la construction de la ligne ferrée du haut fleuve. Actuellement le point terminus est au kil. 63, pendant cette campagne le kil. 94 pourra être atteint, ce qui permettra de transporter un matériel de pont considérable qui se détériore actuellement à Khayes et qui est destiné au passage du Marigot de Galougo, large de 60^m.

Du Galougo au Moumania (kil. 104) autre Marigot, on posera un Decauville dont le matériel est déjà dans le haut fleuve. Ce Decauville permettra de transporter le matériel de pont du Moumania (2).

Enfin, les disciplinaires achèvent une route carossable qui permettra d'établir plus tard un Decauville jusqu'à Toukoto, distant de Khayes de 270 kil. Cette route est large de 5^m avec fossés, ponts, accotements, etc.

Après avoir assuré l'exécution de ces importants travaux, le Colonel se rendit à Diamou et organisa la 2e colonne placée sous les ordres du commandant Vallière. Les deux colonnes allaient opérer contre Mahmadou-Lamine.

Ce personnage, d'une audace et d'une ténacité extraordinaires, con-

---

(1) D'après de récentes nouvelles , Ahmadou serait reparti pour Nioro.

(2) Dans quelques mois, les communications seront assurées dans les meilleures conditions entre Khayes et Bafoulabé. Ce dernier point prend déjà une importance commerciale considérable, et plusieurs maisons de commerce viennent d'y installer des comptoirs.

tinuait à organiser la résistance après son échec de Sénoudébou. Il envoyait des émissaires nombreux dans tous les pays environnants et poussait même jusqu'au Fouta-Djallon. A Diana, gros village fortifié, il parvint à réunir plus de 3,000 guerriers bien approvisionnés en armes et en munitions, grâce au voisinage des comptoirs anglais de la Gambie. Prêchant la guerre sainte, Lamine commençait à se créer un empire musulman, comme naguère Ahmadou et Samory (1).

La nécessité de marcher immédiatement contre Mahmadou-Lamine était bien évidente, le Colonel organisa donc ses deux colonnes dans des conditions telles, qu'il lui fût possible d'aller surprendre par une marche rapide, le village de Diana. Les fantassins furent montés sur des mulets, les canonniers sur de petits chevaux. Le fantassin monté présente un grand avantage dans les expéditions soudaniennes, il rend la colonne mobile et capable de faire des étapes de 30 kil.; en outre, l'homme emporte six jours de vivres pour lui et son animal et diminue par suite le convoi.

Le 11 décembre, le Colonel lançait l'ordre du départ : les deux colonnes devaient partir l'une de Sénoudébou et l'autre de Diamou (ces deux points sont distants de 200 kil.) et calculer leur marche respective de manière à se trouver le 24 dans deux villages voisins l'un de l'autre et situés chacun à à 8 kil. environ de Diana.

La première colonne devait barrer la route de l'est, la deuxième la

---

(1) Il est à peu près certain que Mahmadou-Lamine est affilié à la confrérie religieuse des Senoussyah; peut-être a-t-il été à la Zaouïa de Djarghboub. Le grand chef de Senoussyah qui y réside, subit l'influence d'un certain Mohammed Etteni, originaire de l'oasis de Ghadamès. Ce personnage fanatique dangereux, a organisé le massacre des pères blancs et celui de la mission Flatters. Il est l'instigateur d'un vaste projet de conquête et de propagande religieuse que le chef des Senoussyah serait à la veille de mettre à exécution. L'ermite de Djarghboub se disposerait à parcourir les territoires occupés par les Touaregs, afin d'acquérir une grande influence religieuse sur ces populations, dont il voudrait se faire des auxiliaires dans l'intérieur de l'Afrique, contre l'élément chrétien en général, et les Turcs en particulier.

Ce plan de conquête comprend dans le Soudan, Tombouctou, les rives du Niger et celles du Sénégal. Dans le nord de l'Afrique, ce vaste programme a déjà reçu dernièrement un commencement d'exécution. Grâce en effet au concours du chérif Moulaï Ahmed qui prêche dans la Tripolitaine la révolte contre les Turcs et la guerre sainte contre les Chrétiens, les Touaregs viennent de prendre Ghât, dont la garnison turque a été massacrée.

Mahmadou Lamine ne serait-il point l'exécuteur de la propagande Senoussyah dans la région du Sénégal ?

route du sud, tandis que la cavalerie et les auxiliaires surveilleraient les routes du nord et de l'ouest. Les deux premières routes mènent vers la Gambie et le Ferlo et paraissaient être les seules que le Marabout dût chercher à prendre pour s'enfuir.

La première colonne, après une petite escarmouche à Sintouta, trouvait tous les villages évacués sur sa route, bien que remplis de grains de toute sorte, mil, riz, arachides, etc. : les habitants et les troupeaux étaient cachés dans la brousse.

Les deux colonnes arrivèrent au jour et aux points indiqués. Elles avaient dû faire des marches très pénibles, à travers un pays boisé et riche en gommiers et en arbres à caoutchouc. Leur arrivée simultanée jeta le désarroi dans la région.

Le 25 décembre, le Colonel se présentait devant Diana. Il ne trouvait que quelques hommes isolés qui avaient pris position dans un marigot, et qui furent facilement cernés par l'avant-garde. Diana venait d'être évacué, malgré les fortifications sérieuses qui l'entouraient.

Une colonne volante se lança sur les traces de l'ennemi et atteignit le Marabout sur la frontière du Ouli. Le capitaine Robert s'engagea résolument, tua une cinquantaine d'hommes, mais ne put s'emparer de Lamine qui profita du combat pour se dérober par une fuite rapide. Les chevaux étaient fourbus et, en outre, la ligne d'opérations s'étendait d'une façon démesurée : l'on était, en effet, à 300 kil. de Bakel. Enfin, les dépendances du poste de Mac-Carthy étaient voisines ; la poursuite n'était plus possible. il fallait s'arrêter.

Le chef du Ouli auquel le colonel avait écrit qu'il traiterait en ennemis les pays qui recevraient le Marabout, se jeta sur les traces de notre adversaire et lui infligea une nouvelle défaite. Celui-ci fut obligé à se retirer en fugitif dans le Niani où quelques villages sarakholé pouvaient être disposés à le recevoir. Laissant les auxiliaires du Bondou dans la région, le colonel regagna Sénoudébou, après avoir détruit les fortifications de Diana et épargné les villages environnants dont les chefs avaient fait soumission.

Comme conséquence de la campagne du colonel Galliéni contre Mahmadou-Lamine, l'Almamy du Bondou Saady Amady a renouvelé le traité conclu avec nous par Boubakar Saada. Entre autres engagements, il a pris ceux de ne plus recevoir de traitement des Anglais ; d'acheminer les produits de son pays vers le Sénégal ; et de ne plus empêcher les caravanes de Dioula de se rendre du Fouta-Djalon à Bakel.

Le Ferlo, le Diakha, le Tiali, le Mériko et le Ouli ont passé des traités avec *nous* : ces derniers s'engageant à marcher contre Mahmadou-Lamine s'il reparaissait chez eux. L'agitateur s'est réfugié à Tebekouta, dans le Niani. Il a encore autour de lui quelques partisans recrutés dans le Ouli. Mais il y a lieu de croire qu'il ne lui sera pas permis de se reformer pour l'offensive, car une forte colonne (1) partie de Saint-Louis le 10 avril 1887, se trouve actuellement dans la rivière Saloum.

La région où opèrent nos troupes est située sur un territoire voisin de celui où s'est réfugié Lamine.

Celui-ci ne peut d'ailleurs remonter vers l'ouest dans le Ouli, ni vers le nord dans le Ferlo, ces pays ayant reconnu le protectorat Français, et se montrant disposés à faire un mauvais parti au Marabout. Il ne saurait davantage songer à fuir vers le sud dans les dépendances anglaises de Mac-Carty. Aussi se trouvant bloqué dans le Niani, il serait sans doute obligé d'attendre le choc de la colonne du Saloum, si celle-ci poussait une pointe vers Tébékouta.

Nos troupes il est vrai, ont une autre mission à remplir, car elles donnent appui à notre allié Guédel, roi du Saloum, contre son ennemi Saer-Maty, chef du Ripp. Ce dernier, marabout fanatique et guerrier, était excité par les intrigues de Mahmadou-Lamine, réfugié dans le voisinage de ses propres états. Il avait d'ailleurs l'appui du chef des Poul, Ali Boury, et du roi du Sine Nioko-Baye.

Le colonel Coronnat a franchi le 23 avril la rivière *Saloum*, avec une colonne portée à 600 hommes, et les auxiliaires de notre allié. L'ennemi, qui gardait le gué de Saor, a été refoulé sur le village de Goümbof. Battu en brèche, celui-ci fut pris d'assaut malgré une vigoureuse résistance, et plusieurs retours offensifs de l'ennemi, qui avait incendié toute la région environnante. Nos pertes s'élevèrent dans cette première journée, à 2 tués (tirailleurs indigènes), et 10 blessés parmi lesquels le commandant Caron. D'après une nouvelle de provenance anglaise, à la date du 5 mai, Saer-Maty, complètement battu,

---

(1) L'effectif de cette colonne était de 230 hommes d'infanterie et d'artillerie, un renfort de 200 hommes est venu la rejoindre.

La colonne est précédée par l'escadron des spahis, et·a avec elle quatre pièces de canon.

L'*Aréthuse* et l'*Ardent* ont fait voile pour la rivière Saloum et opèrent de concert avec les troupes.

aurait cherché un refuge dans le voisinage des comptoirs anglais de la Gambie.

On ne saurait passer sous silence d'importants évènements qui eurent, pendant l'année 1886, pour théâtre, une région voisine de Saint-Louis, le Cayor.

Une querelle de famille s'était élevée entre le Damel du Cayor, Samba Laobé fal et le Bour du Djolof, Ali Bouri N' Diaye, à la suite de la répudiation, par ce dernier, de sa femme, princesse du Cayor et proche parente du Damel. La fierté royale et l'intérêt, car le Bourba Djolof n'avait point, selon l'usage, restitué la dot de la princesse répudiée, envenimèrent cette querelle au point qu'il fallut du sang pour réparer l'honneur de la famille.

Les armées se rencontrèrent dans le Djolof et les deux chefs combattirent, dit-on, corps à corps. La victoire resta à Ali-Bouri.

Après la défaite de Samba-Laobé, la poursuite victorieuse d'Ali-Bouri fut arrêtée par l'intervention du gouverneur.

Une amende de 20,000 fr. fut imposée à Samba Laobé au profit d'Ali Bouri.

Pour payer cette amende considérable, Samba Laobé fit d'abord appel à ses administrés. Ne pouvant rien retirer de ces pauvres populations agricoles, surtout avant la récolte, le Damel s'adressa à des colons installés sur son territoire ; il leur réclama ce que les traités l'autorisaient à prélever, une redevance sur le commerce qui s'effectue sur son domaine.

Il fit donc percevoir une patente à Tiwawane, sur des commerçants français. Quelques-uns la lui payèrent ; d'autres, en plus grand nombre, la lui refusèrent, prétextant, comme c'était vrai, que déjà ils en payaient une au Gouvernement français.

D'autres faits, tels que celui d'un troupeau de bœufs écrasé par un train, rendirent les rapports plus tendus.

Le Damel molesta nos traitants, leur contesta le droit de s'établir dans le rayon de cinq cents mètres fixé comme limite de leurs établissements autour de Tiwawane, grand marché d'arachides et l'une des stations du chemin de fer de Dakar à Saint-Louis.

Les colons réclamèrent protection au gouverneur.

Le 6 octobre 1886, le capitaine Spitzer, aide-de-camp du gouverneur, partit avec mission de faire des représentations au Damel et de tâcher de l'amener, par la conciliation, à changer d'attitude.

Le capitaine Spitzer prit le chemin de fer, et ralliant à la station de N'dand un peloton de 25 spahis, commandé par le sous-lieutenant Chauvet, vint débarquer à Tiwawane, vers trois heures de l'après-midi.

A 150 mètres de la gare se tenait le Damel avec 150 hommes dont une partie armés.

Le capitaine Spitzer fait arrêter le peloton rangé en bataille, puis s'avance à cheval, accompagné d'un spahis indigène, qui lui sert d'interprète.

Le Damel l'accueille avec hauteur et refuse toute discussion. « Si le gouverneur est maître à Saint-Louis, je suis le roi de tout le Cayor, dit-il. Tiwawane et la voie ferrée m'appartiennent et je n'ai que faire de vos représentations. »

M. Spitzer, voyant son insistance inutile, s'éloigne, mais il envoie successivement au Damel, pour tenter de renouer le palabre, deux spahis et un maréchal-des-logis. Ce dernier aurait alors essayé d'entraîner le Damel vers le peloton, en prenant le cheval par la bride. Le Damel tire sur le maréchal-des-logis et le manque. Deux autres coups sont tirés : un spahis indigène est atteint. Le capitaine Spitzer fait mettre à ses spahis le sabre en mains et les fait charger. Ceux-ci se précipitent sur le Damel et ses guerriers. Devant l'impétuosité de l'attaque, les noirs fuient et se dispersent de tous les côtés. Le lieutenant Chauvet, suivi de deux hommes, se jette sur les traces du Damel. Malgré le danger d'une embuscade dans les rues étroites et tortueuses d'un village noir, il traverse Ndoukoumane, où il essuie un premier coup de feu presque à bout portant qui ne l'atteint pas ; au delà, il se trouve seul pendant quelques instants : l'un des spahis s'est écarté ; l'autre est resté en arrière. Malgré les difficultés que présente un terrain coupé par des cultures et des haies formées avec des fagots d'épines, son cheval, bien enlevé, triomphe de tous les obstacles et continue à mener grand train. Les distances se rapprochent ; à deux kilomètres du village, la bête que montait le Damel est absolument fourbue.

« Pendant ce galop de deux kilomètres, dit le lieutenant dans son rapport, le maréchal-des-logis Régny tua un cavalier du Damel, Boubakar Mahmadou un second, et moi deux autres qui suivaient leur chef de près. »

Le lieutenant Chauvet arrive ainsi jusqu'à dix mètres du Damel.

Le spahis Aly-Touré seul avait pu le suivre ; les autres étaient
à 50 mètres en arrière. « A ce moment , dit le lieutenant, le spahis
Aly-Touré me dépassa et piqua droit au Damel pour le sabrer.
Celui-ci lui déchargea un coup de feu à bout portant dans la partie
supérieure de la poitrine;Aly Touré essaya de revenir sur son ennemi.
Je le vis tomber de cheval. Il était mort.

Le Damel fit feu sur moi de son second coup et me manqua , je
l'atteignis aussitôt, il dégaîna et nous luttâmes assez longtemps à coups
de sabre (1). Je lui portai un coup de revers sur la figure, lui coupai
plusieurs doigts de la main droite dans une parade et enfin lui portai
sur l'épaule un coup qui le fit chanceler. Lui, de son côté, me porta un
coup de sabre qui, paré à temps, ne fit que couper ma vareuse.

Il fit deux blessures assez profondes à l'encolure de mon cheval ;
enfin il m'atteignit d'un coup de plat de sabre à la cuisse. Je ripostai
par un nouveau coup de pointe » Damel descendit de cheval.

« Le spahis Oumar-N'-Diaye survint et lui envoya une balle dans
le flanc.

Samba-Laobé tomba sur les genoux, essaya de prendre un deuxième
fusil chargé à un coup ; je me précipitai sur lui et lui portai deux coups
de pointe en pleine poitrine qui l'étendirent raide mort. » (2)

Une heure après , le peloton de spahis était réuni à la gare où l'on
apportait le corps du Damel. Vingt de ses gens avaient été tués. De
notre côté, outre le spahis tué, nous avions deux cavaliers grièvement
blessés.

Dès la mort de Samba-Laobé , son oncle et compétiteur Lat-Dior,
ancien Damel du Cayor, se mit en mouvement afin de rentrer dans
cette province où il espérait reprendre le pouvoir. C'eut été une grave
faute d'entrer en composition avec ce personnage qui se vante de haïr
tout ce qui porte le nom Français et tient à la France.

Le Gouverneur avait , du reste , pris ses précautions : après une
entrevue avec les chefs des captifs de la couronne, captifs eux-mêmes,

---

(1) Il était armé de trois fusils dont deux en bandoulière ; celui qu'il avait en main
était un Lefaucheux à deux coups.

(2) Le combat entre le lieutenant à cheval et le Damel à pied aurait duré 12 minutes.
— Le Damel était un homme très vigoureux ; sa taille dépassait deux mètres.

qui avaient remis leur pays entre ses mains, il avait fait afficher dans tous les villages du Cayor une proclamation avisant les habitants que le royaume était divisé en six provinces. Dans la même proclamation il reconnaissait Samba-Laobé-Boury comme chef des Poul ; il enjoignait à Lat-Dior de sortir immédiatement du Cayor, et aux chefs de province de procéder militairement, s'il en était besoin, à cette expulsion.

Lat-Dior s'était avancé jusqu'au village de Soguer, à cinq heures de marche de N'Dande, station de la ligne du chemin de fer ; là, à la tête de 150 hommes, il feignait d'attendre sa nomination comme Damel.

Les guerriers du Cayor se mirent en marche le 26 octobre, appuyés par 45 spahis sous le commandement du capitaine Vallois.

Tout d'abord Lat-Dior sembla obéir aux ordres du Gouverneur, il ne conserva auprès de lui que quelques cavaliers et se retira vers l'Est.

En même temps ses émissaires faisaient courir le bruit qu'il avait coupé la ligne du chemin de fer, et brûlé plusieurs villages.

Le 26, le capitaine Vallois arrivait à Diadié. Là, on apprenait que Lat-Dior s'était dirigé sur Dekkelé sa résidence habituelle. Le lendemain, à 2 heures du matin, la division se remettait en route vers ce point, mais arrivée à Tchilmaka, ses éclaireurs l'avisaient que Lat-Dior avait levé son camp et s'était porté vers l'Est, se plaçant ainsi entre nos gens et la voie ferrée de St-Louis à Dakar.

On continua néanmoins sur le puits de Dekkelé, où il était urgent de s'arrêter pour faire boire les chevaux, qui souffraient beaucoup de la soif. Les abords du puits, sur un rayon de 30 mètres, sont sablonneux et complètement dénudés ; au-delà, aussi loin qu'on peut voir, ce sont des broussailles et des hautes herbes qui dépassent de beaucoup la tête d'un cavalier à cheval. L'endroit était mal choisi pour un campement ; mais on n'avait pas le choix ; les chevaux n'avaient rien bu depuis la veille.

A onze heures trente, les six premiers chevaux buvaient ; tout-à-coup une fusillade éclate sur la droite ; trois chevaux sont tués, six hommes mis hors de combat. Presqu'au même moment, un feu violent arrive sur notre front. Le capitaine Vallois rallie à droite la moitié des spahis, le lieutenant Chauvet se porte sur le front avec l'autre moitié.

On répond à l'ennemi avec un admirable entrain.

Lat-Dior avec trois cents hommes environ, s'était avancé dans les herbes, et grâce à leur grande hauteur, il avait pu gagner le bord du puits sans être aperçu et ouvrir le feu à petite distance.

A onze heures quarante cinq, le capitaine Vallois était maître de la situation ; il fit monter à cheval vingt spahis et se porta en avant. L'ennemi, déjà ébranlé, se débanda et prit la fuite.

Lat-Dior, ses deux fils et soixante-dix-huit de ses guerriers, avaient été tués.

De notre côté, les pertes étaient sérieuses, un tiers de l'effectif des spahis, hommes et chevaux, était hors de combat.

Depuis vingt-cinq ans, Lat-Dior nous avait toujours combattus. soit par les armes, soit par ses agissements. Il nous infligea autrefois un désastre sanglant à N'Golgol, où cent trois de nos soldats sur cent quarante restèrent sur le terrain ; en 1869, ses cavaliers détruisirent presque entièrement à Mekhey l'escadron de spahis sénégalais ; ses menées ont toujours mis en danger la tranquillité du Cayor.

Le système des Damel a fait son temps. Il ne peut être cependant question d'annexer le Cayor, où l'application immédiate de notre administration serait impossible.

Dans cette région, les villages sont naturellement groupés en *Toundé* (le Toundé est une sorte de canton) il semble nécessaire de respecter ces divisions naturelles, et de consacrer par notre autorité, dans chacun de ces cantons, le pouvoir d'un chef nommé par la population. Nous éviterons ainsi de troubler l'état social de ces peuples et l'application de notre administration s'imposera naturellement peu à peu.

Chez les maures Trarza, Ely Ould Mohammed el Habib, le roi de cette tribu était assez fidèle observateur des conventions avec la France. Toutefois, il nourrissait toujours le secret espoir de dominer le Oualo, pays de sa mère Djimbot ; on lui reprochait aussi les mauvais traitements qu'il faisait parfois subir aux traitants. A la fin de septembre 1886 son neveu Ahmed Fall l'assassina. Celui-ci s'emparant aussitôt du pouvoir, jeta la perturbation parmi les partisans d'Ely, faillit atteindre son autre oncle, frère de la victime, Amar Saloum, et s'empara de tout ce qui appartenait à ses deux oncles. Amar se réfugia chez Cheick Sidia, le grand marabout des Brakna ; tandis que le fils d'Ely, jeune garçon de douze ans, gagnait Saint-Louis.

Ahmed Fall, le meurtrier d'Ely, put alors se faire nommer roi des Trarza par les Ouled Ahmed ben Dahman. A la suite de ces évènements, les Azouna et les autres partisans d'Ely se réfugièrent dans le voisinage de Saint-Louis.

Ce ne fut parmi les maures que compétitions, batailles, et tueries. Le gouvernement désirait vivement voir reprendre les transactions commerciales. Il ne pouvait cependant s'entendre avec l'assassin d'Ely, notre ancien allié, et répudier son frère Amar Saloum ou son jeune fils Ahmed Saloum.

On laissa donc ces voisins de la rive droite régler entre eux leurs affaires, tout en faisant respecter énergiquement la rive gauche du fleuve bordant le Oualo et le Dimar.

Cependant les Trarza n'ignoraient pas que les préférences des Français étaient acquises au frère d'Ely, successeur naturel. Aussi, les défections ne tardèrent pas à se produire dans l'entourage de l'assassin Ahmed-Fall.

Bientôt, assuré du concours de la majorité des tribus, Amar Saloum quitta Saint-Louis avec une soixantaine d'hommes déterminés pour encadrer les anciens partisans d'Ely devenus les siens. Il infligea peu après à Ahmed-Fall une défaite sanglante à la suite de laquelle il ne tarda pas à devenir maître absolu du pays et réussit le 17 mars à atteindre Ahmed-Fall, son neveu, qu'il tua. Amar Saloum n'ayant plus de compétiteur sérieux s'est aussitôt fait reconnaître roi, et les autres princes, ainsi que les notables, sont venus lui faire leur soumission. Le nouveau roi est un ami de la France ; il doit, dit-on, venir à Saint-Louis pour protester, auprès du gouverneur, de son dévouement à la France. Quoiqu'il en soit, la paix est désormais assurée dans cette partie du fleuve et le commerce possède maintenant la sécurité qui lui est nécessaire.

Pour apprécier la partie des évènements qui se déroulèrent chez les maures Trarza, il est bon de jeter un rapide coup d'œil sur l'histoire de leur famille royale.

En 1828 Mohammed El Habib fut nommé roi des Trarza. Quelques années après son avènement il fit tuer son frère, Ould el Eygat, dont il craignait les intrigues.

Mohammed el Habib eut d'une princesse Trarza, sa femme, trois fils dont l'aîné s'appelait Seidi ; de Djimbot, reine de Walo, un fils, Ely ; et d'une femme trarza nommée Saloum de la tribu des Ouled-Dahman, sept fils. Mohammed el Habib fut assassiné en 1860 par ses neveux, mécontents du traité qu'il venait de passer avec le gouverneur Faidherbe.

Son fils Seidi, après avoir tué ses cousins, les assassins, succéda à son père. En 1871. Séidi et ses deux frères du même lit furent assassinés par les sept frères Saloum, leurs frères consanguins.

Ely vengea son frère Séidi en tuant plusieurs des assassins et fut nommé roi. C'est ce roi qui, à son tour, fut tué au mois d'Octobre 1886 par ses neveux Ahmed Fall et Ahmed Dey, fils de Séidi. Ces deux deux derniers furent tués à leur tour.

Ely avait d'une de ses cousines Saloum deux fils : Ahmed Saloum, âgé de douze ans et un autre de trois ans qui fut tué par les assassins.

Le dénouement heureux des évènements survenus en 1886 et 1887, montre combien notre puissance est solidement assise dans le Soudan Français.

La campagne de ravitaillement des postes est terminée et la situation est partout excellente.

Le colonel Galliéni a quitté Bammakou le 6 avril. Il est revenu par la route du Bakhoy sur Kita.

Une compagnie indigène tient garnison sur le Niger.

Avant de prendre ses dispositions de retour, le Commandant supérieur du Soudan Français a préparé le voyage que la canonnière va faire à Tombouctou, et poussé l'achèvement du vapeur en construction à Bammakou.

En consultant la carte ci-jointe, on peut remarquer que l'empire d'Ahmadou très amoindri, n'a plus aucun point de contact avec le Niger.

Les populations riveraines du grand fleuve soudanien sont disposées à faire bon accueil au pavillon français.

Tidiani, chef de Macina, est en excellentes relations avec nous, et son concours nous est assuré.

A Tombouctou, les notables sont impatients de nous recevoir.

La route est donc ouverte et dans quelques semaines, dans quelques jours peut-être, le vapeur *Le Niger* jettera l'ancre devant la cité si longtemps mystérieuse du Soudan.

Ainsi, après sept ans d'efforts et de persévérance, le programme légué autrefois par le gouverneur Faidherbe se trouve accompli.

Bientôt la flottille de Bammakou promènera librement les couleurs nationales à travers ces pays à peine connus que traverse le grand fleuve soudanien sur un parcours de plus de 2,000 kilomètres jusqu'aux chutes de Boussa.

Dans un généreux élan d'enthousiasme, les habitants du Sénégal viennent de décerner un hommage suprême à celui qu'ils appellent le père de la colonie, en dressant sur la place du Gouvernement, à Saint-Louis, la statue du général Faidherbe (1).

Paris, 10 Mai 1887.   Capitaine H. BROSSELARD.

---

(1) Une dépêche de Saint-Louis que nous recevons à l'instant nous apprend que « le colonel Galliéni vient de passer un traité avec Ahmadou et que ce dernier place son empire sous notre protectorat. »

Lille Imp. L. Danel.

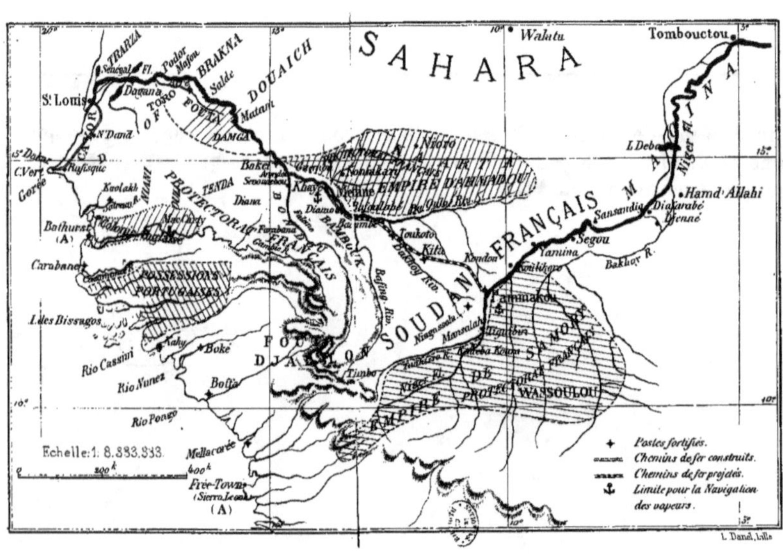

SAHARA
Tombouctou
Walata
TRARZA
St Louis
Fl. Senegal
Podor
Mafou
BRAKNA
Salde
Dagana
TORO
FOUTA
DOUAICH
Matam
DAMGA
C.Vert
Dakar
Goree
Rufisque
Baker
N'Dand
Kaolakh
Saloum R.
NIAMI
PROTECTORAT
TENDA
Diana
Khaye
Senoudebou
Arondou
Nioro
Nohakary
Medine
EMPIRE D'AHMADOU
Ba Goulbi Riv.
Hamd' Allahi
L Deba
Sansandig
Diakarabé
Djenné
Bathurst
(A)
Colonie Anglaise
Mac Carty
Farabana
Gambie R.
BONDOUK
BALUBOUK
Bafing Riv.
Toukoto
Kita
Koudou
Yamina
Segou
Bakhoy R.
Koulikoro
Carabane
POSSESSIONS
PORTUGAISES
FRANÇAIS
SOUDAN
FRANÇAIS
MANA
Niger Fl.
I. des Bissagos
Rio Cassini
Kahy
Boke
FOUTA
DJALLON
Timbo
Nisgasala
Mansalah
Siguibin
Tammakou
SAMORI
PROTECTORAT FRANÇAIS
Niger Fl.
Tankisso R.
Kankeba Kouan
EMPIRE
DE
PROTECTORAT
WASSOULOU
Rio Nunez
Boffa
Rio Pongo
Mellacorée
Free-Town
(Sierra Leone)
(A)
Echelle: 1. 8.883.333.
200 k
400 k
Postes fortifiés.
Chemins de fer construits.
Chemins de fer projetés.
Limite pour la Navigation
des vapeurs.
L. Danel, Lille